KB122669

공부하는 대 괴로워하는 아이

상담은

완성 보다는

꾸준히 쌓아가는

삶을 살고 싶습니다.

나를 이루는 것들.

122 * 187 * 19 mm

기억하지 못하는 순간들도. 그 시간의 내 감정과 경험이 쌓여 내가 되었다.

나를 채우는 것들은 선택적인게 아니라 총체적이어서, 어떤 나쁘고 싫은 기억도 모두 나를 이루게 되었다.

이상하리만치 취업하기 전까지 나는 내가 누구인지. 나는 어떤걸 좋아하는 사람인지 생각해본 기억이 없다.

가치관과 취향이 형성되어야 할 시기가 너무 늦게 찾아온건 아닐까? 하는 생각과 걱정이 들었지만,

별 수 없지. 지금부터라도 더 찾아나가는 수 밖에.

아이러니하게도 10대를 지나 20대 삶의 목표처럼 여기던 취업을 한 뒤에 나는 내 삶이 얼마나 나에 대한 고찰 없이

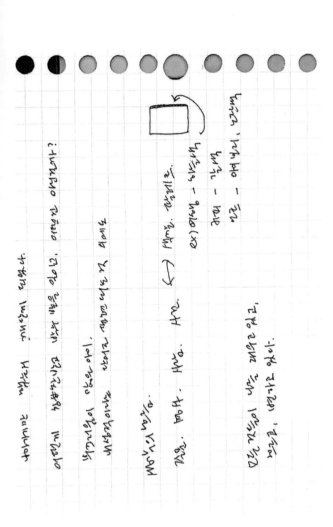

*처음 책 출판을 기획하며 적은 노트

마중물

안녕하세요, 반갑습니다.

저는 어쩌면 학창시절에 겪었어야 했을 경험들과,
고민들, 그리고 형성했어야 했을 가치관을 직장을
다니며, 사회생활을 시작해서야 시작한 사람 입니다.
흔히들 말하는 적정 시기에 '해야 할 일들' (대입, 취
업 등)을 하느라 '나' 라는 사람에 대한 고민을 할
기회가 적었다면 변명일까요?

운 좋게 비교적 빨리 들어간 회사에서 직장생활을
시작해서야 매일 드는 불편한 감정에 '이런 기분이
드는 이유는 뭘까?', '일이 적응이 안되어서 그런
걸꺼야', '나는 뭘 하고 싶은 걸까?' 하며 많은 질문
을 던지기 시작했습니다. 2년간 계속된 질문과 고민
끝에도 사실 마땅히 명확한 답은 나오지 않았지만,
그런 고민을 충분히 할 만큼 저에게 마음의 여유가

남아있지 않다는 사실을 깨달았습니다.

그래서, 3년만 버텨서 이직하라는 선배들의 말, 회사 밖은 야생이라는 팀장님의 말, 그리고 부모님의 걱정을 뒤로 하곤, 더 잃을 게 많아져서, 더 지킬 게 많아져서 힘들어지기 전에 '퇴사'라는 도전장을 던졌습니다. (한번도 소위 말하는 '제 나이에 해야 하는 것'에서 벗어나보지 않은 저로서는 굉장히 무모하게도 느껴지는, 큰 도전이었고, 때문에 저는 여전히 매일같이 불안합니다.)

물론 이런 고민이 별 일 아닌 분들도, 회사를 다니며 고민을 하시는 분들도 있습니다. 또는 이직 이라는 도전을 하는 사람도, 지켜야 할 것이 있어서, 혹은 이곳이 좋아서, 회사를 잘 다니시는 분들도 있죠. 저는 그 모든 제 각자의 선택과 버팀이 의미 있다고 생각합니다.

퇴사를 한 뒤, 며칠, 몇 주, 한동안은 너무나 힘들었습니다. 내가 뭘 위해, 무슨 대단한 고민을 한다고 힘들게 들어간 회사를 내 발로 나온 걸까. 가만히 누워있는 게 눈치가 보여 밖으로 나가 무작정 앉아 있기도, 읽고 싶던 책을 잔뜩 빌려 돌아가며 읽기도, 그냥 아무 생각 없이 멍하니 앉아있기도 했습니다. 그런 저를 보며 너무 조급해 하지 말라고, 그런 시간을 충분히 누려보라고 얘기해준 좋은 사람들이

곁에 있었기에 오늘도 저는 불안을 뒤로 하고
저를 향한 고민을 다시 시작할 수 있었던 것
같습니다.

이 책은 저의 불안과 걱정 어린 마음으로 시작
합니다. 방황, 이랬다 저랬다, 엎치락 뒤치락 하는
저의 마음을 보며 '나는 왜 이런 사람일까', 하고
쓰기 시작한 글이 첫 시작이 되었죠.

신기하게도 불안에 떠는 제 이야기를 시작으로
저를 이루고 있던 것들, 사람, 단어, 경험, 공간…
등 저를 중심으로 이야기가 확장되어 가는 것을
느꼈습니다. 지금까지 '나'는 어떤 것도 해온 게
없는 사람이라고, 어떤 취향도 없는 사람이라고
생각했는데, 생각보다 저를 이루는 것들이, 저를
이루는 순간들이 꽤 있더군요.

제 생각과 경험을 담은 글을 쓴다는 게 부담스럽지 않았다고 하면 거짓말이지만, 그럼에도 저는, 제 이야기를 쓰면서 스스로에 대해 많이 배우고 알게 되었습니다. 살면서 남의 이야기, 다른 사람들의 말은 많이 들었으면서, 정작 제 이야기, 제 내면의 소리는 들으려고도 하지 않았다는 사실을 깨달았죠.

결국 이 이야기도, 당신에게는 다른 사람의 이야기, 궁금하지 않은 타인의 일기장과도 같이 느껴질지도 모르겠습니다. 그럼에도 한번 읽어보겠다는 마음을 먹으셨다면, 다 읽고 난 뒤에는 '나는 어떤 사람일까?', '나의 이야기는 무엇일까?' 하고 한번쯤 자신만의 '내 이야기'를 생각해 보셨으면 하는 작은 바람을 담아봅니다.

응원합니다.

28살의 저도, 그리고 당신도.

감정 + 경험 + 단어 + 공간 + ?

이 시 작 !

목 차

끝의 시작

감정—

휘몰아치는 물살에는 · 몸을 맡길 뿐
휩쓸리지 않고 · 그저 흘려 보내는 일은 · 늘 버겁다

진자 운동

불안한 마음이 들 때는 다들 어떻게 하시나요?
아무리 생명이 있는 것은 모두 고민을 가지고 있고,
존재하는 모든 것은 떨고 있다고 하지만, 왜 이렇게
저는 바람에 흔들리는 나뭇잎 마냥 쉴 없이 흔들리
는 걸까요? 끊임 없이 흔들리다 가도 또 다시 균형
을 찾아내고, 다시 나아가는 과정을 반복하곤 합니
다. (가끔은 내가 인간인가 메트로놈인가 싶을 때도
있어요.)
저만 그런 게 아니라는 사실을 알면서도 가끔은 텅
빈 우주 속에 홀로 남은 것 같이 외롭고 공허하고,
좋아하는 사람들과 함께할 때는 즐겁다 가도, 날이
안 좋을 때는 다시금 세상 늘어지고, 날이 좋을 때는
내가 세상에 존재한다는 사실을 너무나도 만끽 하
는, 우왕좌왕하고 갈피를 잡을 수 없이 흔들리는
'내가 왜 이럴까' 싶은 요즘입니다.

거울

지금까지 살아오면서 하루에도 거울을 수십번은 봐왔는데, 막상 내가 어떤 사람인지를 생각해 보자니, 너무나도 어렵더군요. (얼굴만 보지 말고 저와의 대화도 좀 해볼 걸 그랬습니다.)

학생때는 대학에 가기 위해, 대학을 가서는 취업을 위해, 어떠한 목표를 향해서 나름대로 열심히 달려왔다고 생각했는데, 정신을 차려보니 어느새 서른을 앞두고 있고, 저는 제가 어떤 사람인지도 모른 채 앞만 보고 왔다는 게 '깨달아 졌습니다.'

* '깨달아 졌다'고 표현한 이유는, 그 마저도 스스로 깨달은 게 아니라, 너무나 지치고 힘들어서 온 현타(현실 자각 타임)가 저를 제 인생을 되돌아보도록 했기 때문이에요. (진짜 과거의 저는 뭘 한건지..울고 싶습니다.)

하늘에서 내려온 수현이가 하는말
"네가 나고 내가 너야"

예전에 우연히 본 어떤 글에서 우리가 하는 경험은
일회성이 아니라 누적으로 쌓이는 것이라서, 지금
은 기억하지 못하더라도 당시에 느낀 감정, 경험들
이 쌓여서 현재의 나를 이루는 것이라 하더군요.
저는 기억력이 좋은 편은 아니라서 그런지, 사실 어
릴 적 기억은 거의 잘 나지 않습니다. 어릴 때의
저는 지금보다 더 솔직하고 욕심쟁이었다는 것만
언니들을 통해 들었을 뿐이죠. (게임을 하다가 마음
에 안 들면 판을 엎어버렸대요. 진짜 금쪽이 내지는
성격 파탄자 였습니다.)
분명 저도 2n년의 경험이 축적되어 지금의 '나'
라는 존재가 된 것일 텐데, 요즘 제가 느끼는 감정
은 그냥 하늘에서 '뚝' 하고 제가 떨어진 기분
입니다.

어떤걸 좋아하고, 무엇을 잘하고, 뭐가 힘들고,
무엇이 두려운지, 분명 과거부터 쌓여온 시간들이
지금의 제가 되었을 텐데, 나에 대한 질문 없이
살아온 결과로써 저는 어디에선가 스스로를 만나
도, 알려주지 않으면 그냥 스쳐 지나갈 수도 있는
바보 어른이 되어있는 것 같습니다.

생일

당신에게 생일은 어떤 의미인가요?

생각해보면 저에게 생일은 나이가 들면서 조금씩

다가오는 의미가 달라지긴 했던 것 같습니다.

제가 제일 처음으로 기억하는 생일에 대한 기억은

초등학교 1학년 때인가, 2학년 때 에요. 그때는 공원

에서 다같이 생일파티를 하는 문화가 있었어서

(요즘도 그런 문화가 있는지 잘 모르겠네요.)

집 근처 공원에서 생일 파티를 하기로 한 날이었는

데, 아침에 설렘 가득해서 눈을 뜬 기억이 납니다.

신기하게도 파티는 기억이 잘 안 나는데, 눈을 딱 떴

을 때 '오늘 생일이다.' 하며 느낀 설렘과 날씨를

보며 '오케이' 하고 생각했던 것만 기억이 나네요.

OK!

그때는 그냥 제가 주인공이 되어 모두에게 축하
와 주목을 받는 것, 갖고 싶은 선물을 받는다는
사실에 마냥 기분이 좋았겠지요. 🍾

중학생 때 저와 친구들은 생친자(생일에 x친 자
들) 마냥, 생일 깜짝 파티 및 편지 쓰기에 매우
진심이었습니다. 그 당시에 주고 받은 편지를
보면, 두루마리 휴지 편지, 플랜카드 편지, 쓰레
기 봉투 편지 등 이벤트 회사 직원들 못지 않게
성심 성의껏 친구의 생일을 기획하고 축하해 줬었
어요. 지금도 그때 친구들을 만나면, '우리는 도대
체 뭘 위해서 그렇게까지 열심히 준비한걸까..?'
하고 웃고는 하는데, 아무래도 시간이 많았나
봅니다..라기 보다는 서로 생일을 챙겨주는 게
'우정을 다진다', '너는 내가 이정도의 시간을

쏟을 정도로 소중한 친구다' 라는 의미가 컸지 않았을까 싶습니다.

시간이 지나, 생일 경력도 2n년차가 되고, 시간도 없어지고, 할 일이 많아지면서, 생일이 저에게 차지하는 비중과 의미는 점점 작아진 것 같습니다.

친구들과도 옛날보다는 조금 더 덤덤하게 생일을 축하해주고, 저 스스로도 그냥 하루 조금 카톡이 더 많이 오는 날 내지는 스타벅스 기프티콘이 생기는 날(?) 정도가 되었죠. 가끔은 제가 챙기지 못했는데도 저의 생일을 축하해주는 친구의 연락을 받을 때면, '내가 너무 무심했구나', '주변 사람들을 더 잘 챙기자' 하고 스스로를 되돌아보는 날이 되기도 합니다.

최근에는 저의 인생 '첫 팀장님'께서 생일 며칠 전에 불의의 사고로 먼저 하늘에 가시는 일을 겪었었습니다. 그 이후로 저에게 생일은 '일 년 동안 무사히 있어줘서 고맙다' 라는 말을 소중한 사람들에게 전할 수 있는 더욱 소중한 날로 남게 됐죠.

하고 싶은 말은 전할 수 있을 때, 고맙다는 말, 사랑한다는 말은 가능한 생각날 때마다 자주 표현 해야겠다고 다시금 되새기는 오늘 입니다.

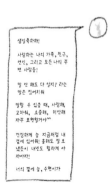

커피

현대인의 필수 기호식품 커피..!

제가 커피를 마시기 시작한 시점은 정확히는 기억 나지 않지만, 고등학생때 쯤? 인 것 같아요. 그때는 커피 맛을 잘 알지 못해서, 커피를 즐겨 마시지는 않았었습니다. 여느 학생들처럼 달달한 음료를 더 좋아했죠. 스누피에게 제발 자게 해달라고 빌어야 한다는, 꿈속에서 스누피가 칼을 들고 쫓아온다는, 일명 '스누피 우유'(당시 고카페인 음료로 시험기 간에 밤을 새우는 학생들 사이에서 인기가 많았습 니다.) 와 같은 커피 우유를 입문으로 커피의 세계 에 천천히 스며들었던 것 같습니다.

그랬던 저에게 지금 커피는, 일상이자 취미가 되었 습니다. 회사를 다닐 때나 퇴사를 한 지금이나, 어떤 일을 시작하기 전에는 반드시 아이스 커피와 함께 합니다.

(회사에서의 유일한 행복이 아침에 사오는 아이스 아메리카노였을 정도니깐요. 오늘은 어느 카페에서 아아를 마실까 하는 설렘으로 출근한 날도 많았더랍니다.)

요즘에는, 원두를 핸드밀*로 갈아서 필터커피를 내려 마시며 하루를 시작합니다. (나름 저만의 레시피도 있습니다. 원두 14g에, 20g 뜸 들이기, 1차 추출 80g, 2차 추출 80g, 3차 추출 20-30g..)

원두를 갈기 위해서는 전동 그라인더를 사용할 수도 있지만, 저는 굳이 굳이 핸드밀을 사용해서 원두를 갈아냅니다.

*핸드밀: 손으로 그라인더 손잡이를 돌려 원두를 가는, 수동식 원두 그라인더

2~3분 가량의 시간동안 원두를 갈며 머리를
비우기도 하고, 오늘은 어떤 하루를 보낼까 하며
계획을 세우기도 합니다.

직접 손으로 갈면 느껴지는 원두의 부서짐과 진동,
뚜껑 사이로 올라오는 원두의 향, 그리고 정성스레
들이는 시간이 저의 한 잔의 커피를 더욱 소중하게
만들어주는 기분이 꽤나 좋습니다. (전완근 단련은
덤입니다. 후후.) 제가 가장 좋아하는 메뉴는 깔끔한
맛의 아이스 아메리카노 혹은 필터커피 이지만,
스트레스를 받거나 조금의 당 충전이 필요한 날에
는 바닐라라떼를, 가끔 별미로 마시는 아인슈페너
나 플랫화이트도 참 좋습니다.

일상에서 나의 기분과 상황에 따라 메뉴를 고르는
잠깐의 설렘이 좋고, 커피를 마시는 공간과

그 공간에 채워진 취향을 구경하는 것도 재밌습니다. 처음에는 고소한 원두만 즐겼던 제가, 지금은 산미있는 원두의 매력을 알아가는 것도 새롭습니다. (진정한 커피 매니아와 고수는 '산미 있는 커피를 즐기는 자' 라 하더군요.)

한국 사람 열의 아홉은 좋아하는 커피라서,
유달리 특별하다고 할 수 는 없다 하더라도.
제가 갖고 있는 얼마 없는 취향이자 취미 중 하나인 커피는 저에게 너무나 소중한 존재입니다.

How To Brewing at home

Step1.

원두 14g 준비
(*1인분 기준)

→ 그라인더에 갈아준다

→ 분쇄원두 완성!

Step2.

90~95도의 물 준비

→ 드리퍼에 커피필터를 끼운다

필터

Tip!

필터의 박음질 부분을
한번 접고

끝에 꼬투리 부분도
마저 접어주면,

드리퍼에 딱 맞는
필터지 완성!!

Step3.

물을 두르며 부어
필터지를 골고루 적셔준다.
(‘린싱’이라 한다.)

→ 서버에 린싱으로
내린 물을 빼내고

→ 저울

저울에 올려 0점을 맞춘
후, 분쇄 원두를 붓고
14g이 맞는지 확인한다.

Step4.

20g의 물을 붓고
약 20초간 뜸들이기

Point!

원두 전체적으로
살짝만 적셔준다는 느낌으로
물을 붓는다.
(서버에 물이 거의 내려오지 않을 정도로)

100g까지 80g의 물을
추가로 붓고, 30초간 추출

원두의 중심에
작은 원을 그리는
느낌으로
반복회전 하며
1차 추출을 한다.

180g까지 80-90g의 물을
더 붓고 30-40초간 추출

큰 원을 그리는 느낌으로
반복 회전하며
2차 추출을 한다.

200-220g까지 부어준 다음,
5초 정도만 추출한 후 드리퍼를 뺀다

Tip!

아이스 커피를 즐기고 싶은 경우에는
위스키용 아이스볼 혹은
얼음을 가득 채운 잔을 준비해서
드립 커피를 조금씩 부어 마신다!

Step5.

HOT   or

ICE

잔에 따라 즐기면 완-성!

다이어리

솔직하게 말하자면, 부끄럽지만 저는 지금까지 한
권의 다이어리를 끝까지 다 써본 적이 없습니다.
(하하) 회사에 들어가서 처음으로 2권(2년치)의 다
이어리를 다 썼고, 그 마저도 업무용이었기에 다 쓸
수 있었다 생각합니다.

매년 새해가 되면 새로운 나를 꿈꾸며 심사숙고 끝
에 다이어리 하나를 장만하지만, 얼마 못 가서 앞장
만 채운, 꼴도 보기 싫은 다이어리가 되어 (아마 중
간에 그만 둔 제 모습이 싫어서겠지요) 책장 구석
어딘가로 박힌 채 잊혀지게 됩니다.

같은 실수를 반복하면 그만 둘 법도 한데, 그럼에도
저는 매년 열심히 같은 실수를 반복합니다.

(이것도 꾸준함이라고 할 수 있을까요..?)

그래도 다행히(?) 실수를 반복만 하는 것이 아니라, 반복하며 깨달은 저의 특징을 토대로 '다이어리 한 권 끝까지 쓰기'를 향해 나아가고 있습니다.

(특징) 중간에 못 쓴 날이 생기면
   빈 칸이 생긴 게 보기 싫음 → 몇 번 더 쓰다가 포기
(개선) 만년형 혹은 날짜가 없는 다이어리를 사서
   쓸 수 있는 날에만 기록, 다 채워야 한다는 강박 버리기

이런 식으로 같은 실수도 포기하지 않는다면, 피드백과 수정을 거쳐 제가 원하는 방향으로 나아갈 수 있다고 저를 달래 봅니다. 최근에는 '만년필 쓰기'에 꽂혀서 만년필로 글씨를 쓰는 영상을 이것저것 찾아 보다 보니, 알고리즘이 자연스레 저를 '만년필로 쓰기 좋은 노트'로 이끌더군요.

거기에서 영업 당한 게 바로 '미도리 MD 노트'
입니다. 실제로 써보니, 뒷면이 비치기 쉬운 만년필
로 써도 비치지 않고 싹싹 잘 써지는 게 기분이 좋아
져서 퇴사 기념으로 시작한 일기쓰기를 이 노트에
실천하고 있습니다. (현재까지 최고기록을 세우고
있어서 나름 기대하는 바가 큽니다.)

*덧) 호기롭게 신년맞이 다이어리를 샀는데, 눈 깜빡할 사이에 1분
기가 지나갔다 하시는 분, 지금부터 다시 쓰자니 비어버린 지난 몇
개월이 보기 싫어서 고민하시는 분이 있으시다면, '호보니치 테쵸
스프링' 다이어리를 추천합니다. 4월 시작 다이어리라서 새로운
두번째 기회를 맞으실 수 있답니다.

나만 찌질한 인간인가봐

다이어리에 대한 이야기를 하니, 일기에 관한 생각이 떠올랐습니다. 서랍을 정리하다가, 옛날에 썼던 일기장을 발견했는데 (역시나 그 노트도 끝까지 다 쓰지 못했지만요) 그 당시의 저의 생각과 감정을 알 수 있어서 참 좋더라구요.

최근에 찾았던 몰스킨 노트에는 21년 취준 시절 저의 절규에 가까운 말들이 적혀 있었습니다.

"해야 할 일은 많은데, 나아가야 하는데..
가슴에 돌덩이 하나가 꾹 눌러 앉아 있는 것 같고
그냥 아무런 힘이 안난다.
내가 isfj라 이런 걸까? 난 왜 entj가 아닐까."
"나는 오징어 게임 나가면 1단계에서 죽겠지..
삶에 대한 열렬한 의지도 없이 두려움만 가득할 테니깐."
(그때 한창 영화 오징어게임이 인기가 많았습니다.)

너무 무섭고, 허탈하고, 도망가고 싶다.
인생은 고난과 역경에도 앞으로 나아가고 부딪혀 이겨내는
사람을 위해 존재하는 것 같은데,
나같이 나약한 사람이 설 자리가 있을까?
그냥 도망가고 싶고, 피하고 안주하며 살고 싶다.
나는, 이런 나는, 사회의 부적응자일까?
나는 어떻게 살아가지.. "

지난날 저의 찌질하기도, 애절하기도 한 일기를
보며 웃으면 안되지만 웃음도 나고, 또 그때의 저는
뭐가 그렇게 힘들고 슬프고 우울했는지, 과거의 저
에게 잘하고 있다고 토닥여주고 싶다는 생각이
들었습니다. 그리고 그 옆에는 24년 현재의 제가 쓴
답문(?)과 같은 글을 적어두었죠.

"그래도 사람이 나이를 헛드는 건 아닌지,

지난 3년간 나도 조금은 단단해졌지 싶다.

지금도 나는 수많은 SNS 속 성공한 사람들,

유튜브 속에 독립을 이뤄낸 사람들을 보며, 자존감 깎이고,

내가 이 세상에서 뭘 할 수 있을까 하는 걱정이 들지만,

왠지 오늘은 과거의 내 고통의 시간들이 나에게 힘과

용기를 주는 것 같다.

21년의 취준생 수현이도, 22년의 사회 초년생 수현이도,

23년의 괴로워하던 수현이도, 그리고 지금, 24년의 수현이도

다 잘해왔고, 또 잘해낼 것이다.

이 시기를 충분히 고통스러워하고 지나보냈을 때,

한층 더 성장한 내가 있을 것이라고,

그러니깐 나를 믿고 견뎌내자. 파이팅!!"

마케터 이승희님이 쓰신 "별게 다 영감" 이라는 책을 읽으며 기록에 대한 중요성을 깨닫게 되었는데, 깨닫고 나니 이미 놓쳐서 사라져버린 저의 과거와 그 순간들이 너무 아깝다는 생각이 들었습니다.

이미 지나간 기록의 순간들이 너무 아쉽지만, 지금부터라도 놓치지 말자는 마음으로 요즘엔 일기도, 독서 기록도 , 일상도, 열심히 기록해보려 하고 있습니다.

지금 저의 일기에는 슬픔, 걱정, 자괴감, 찌질함과 같은 감정들로 가득 해서 '이게 일기야, 감정 쓰레기통이야?' 하는 생각도 들긴 합니다.

하지만, 그렇게 마음 속 얽혀 있던 감정들을 써 내려가다 보면, 저의 감정들을 좀 더 명확히 알 수 있어서 그것 나름대로 또 좋습니다. 언젠가는 지금의 제가 쓴 일기와 글을 보면서, 미래의 제가 '그때의 나는 이랬구나', '잘 이겨냈다' 하고 응원해줄지도 모를 일 이겠지요.

마이 리틀 포레스트

당신의 '최애 '영화는 무엇인가요?

여운이 길게 남았던 영화일 수도 있고, 좋아하는 배
우가 출연한 영화일 수도, 혹은 영화 배경음악이 좋
았던 영화... 등등 '최애 영화' 가 되는 데에는 여러
이유가 있을 거라고 생각됩니다.

옛날에는 누가 "제일 좋아하는 영화가 뭐야?" 라고
물어보면, 나의 영화에 대한 평론가적 감각을 보여
줘야 할 것 처럼, 유명한 감독의 작품이거나, 여러
영화제에서 수상을 한 작품이거나, 심오한 사회 비
판적 내용을 담고 있는 영화를 말해야 할 것 같은,
이상한 강박에 사로잡혀 있었습니다.

하지만 지금은 언제든 봐도 또 보고 싶고, 마음이
힘든 날이면 힐링이 필요해서,

날이 좋은 날이면 날이 좋아서 생각나는 영화인
"리틀 포레스트"를 저의 최애 영화로 꼽고
싶습니다.

"여름과 가을", "겨울과 봄"의 두 편으로 구성된
일본판 리틀 포레스트도 충분히 감성 있고 좋지
만, 2018년에 개봉한 한국판 리틀 포레스트는
한국의 계절과 풍경, 감성과 정서가 담겨져 있어
서 더욱더 끌리는 매력을 지녔습니다. (물론 제가
제일 좋아하는 김태리 배우님이 주인공인 것도
한 몫 합니다. 호호.) 제가 퇴사에 대한 고민을 하
던 때, ott 플랫폼에서 구매까지 해서 다시 찾아본
영화가 바로 이 리틀 포레스트 이기도 합니다.

영화 속 주인공이 서울 생활 중에 '배고픔'(서울 생활의 각박함 혹은 본인의 본질이 아닌 것을 좇던 삶의 공허함을 표현한 것이라 저는 생각 했습니다.)에 못 이겨 고향으로 돌아와 1년 사계절을 고향에서 보내며 자신만의 작은 숲, 즉 자신을 찾아가는 과정이 마치 현재 나의 상황과도 닮아 있다는 생각에 그 시기에 저는 몇 번이고 이 영화를 돌려봤던 것 같습니다.

영화의 주인공과는 달리, 저는 아직 나아갈 방향을 정하진 못하였지만, 언젠간 저도 꼭 '나만의 작은 숲'을 찾고 싶습니다.

*덧) 이 글을 쓰고 있는 지금도 유튜브 플레이스드 "리틀포레스트 ost 모음'을 듣고 있습니다. 이정도면 최애 영화로 인정 해주나요..?

─ 경험 ─

지금의 의미를 · 미리 알 수만 있다면

조금은 덜 · 불안에 떨 수 있을까

shysuhyeon; 수줍은 수현씨

"shysuhyeon","수줍은 수현씨"는 제가 21년에
처음으로 저의 정체성을 생각하며 만든 포털사이트
계정명입니다. 초등학생 때 언니가 만들어준 아이
디를 쭉 써오다 보니 너무 여러 곳의 메일이 섞여서,
취업 준비를 하며 뉴스레터도 구독하고, 나름 블로
그도 운영하겠다며 새롭게 계정을 만들었었죠.
당시 한창 MBTI E형(외향형)과 I형(내향형)을 구
분하며 '인싸', '아싸' 등 '내향형 사람은 사람 많나
길 힘들어하고, 싫어한다' 하는 등의 분위기가 유행
(?) 처럼 퍼지던 시기였습니다. 저는 내향형 인간으
로서, '내향형이라고 사람 만나길 싫어하고 집에 박
혀만 있는 걸 좋아하는 건 아닌데..', '단지 조금 낯
을 가리고, 하루 중 몇 시간, 일주일 중 며칠은 혼자
만의 재충전의 시간이 필요할 뿐..?'

이라고 생각하며 나름 억울해 했던 것 같아요.

(어쩌면 내향인의 자격지심 내지는 합리화였을지도 모르지만요.)

어쨌든 저 스스로를 생각했을 때 나는 내향적인데, 그게 또 흠인가? 싶고, 조금 위축되긴 해도 그게 단점이라고 인정하고 싶지는 않은 마음에 "수줍다" 라는 단어를 통해서 저를 정의했던 것 같습니다. "수줍다" 는 말은 "소심하다", "낯을 가린다" 라는 말보다 조금 더 귀여운 어감에 단점으로 느껴지지 않게 들린다고 생각했죠.

그렇게 영문명으로는 "shusuhyeon", (제 이름 수현을 붙여서) 국문으로는 "수줍은 수현씨" 라는 이름이 탄생했습니다.

싸왓디-카, 태국

저에게는 언니가 두 명 있고, 저는 막내 입니다. 제 핸드폰에 첫째 언니는 첫째 돼지, 둘째 언니는 둘째 돼지로 등록되어 있고, 해서 저희는 돼지 삼자매 입니다. 나이 차이가 꽤 나는 편에다가, 첫째 언니는 저의 10대 시절, 그러니깐 언니의 20대 대부분을 해외에서 보낸 터라 함께 시간을 보내며 가까워질 기회가 별로 없었습니다.(게다가 첫째, 둘째 언니의 사이가 썩 좋지 못했습니다. 허허.) 그래도 첫째 언니가 한국으로 돌아 온 후에 한 집에서 지내면서, 치고 받고 싸우고, 미운 정 고운 정이 들어서 이제는 여느 친구 부럽지 않은 '베스트 프렌드' 가 되었습니다.(그래도 가끔은 여전히 싸우기도 하지만요.) 그렇게 우여곡절 많았던 저희 돼지 삼자매가 처음 으로 여행을 간 곳이 바로 "태국" 입니다.

어디를 함께 여행 간다는 생각을 해본적이 없었는데, 삼자매의 '관계 회복'과 '첫 여행'을 했다는 점에서 태국은 저에게 참 의미 있는 나라가 되었습니다.

신기하게도, 태국은 저에게 또 하나의 처음을 선사한 곳입니다. 바로 저의 첫 해외 출장지였죠. 혹자는 '그 정도로 무슨 특별한 의미람?' 하고 생각할 수 있겠지만, 저희 세 자매의 여행, 그리고 저의 출장이 있기 까지의 과정이 쉽지 않았을 뿐더러, 그 둘이 저에게 갖는 의미가 아주 크기에, 그 첫 경험을 선사해준 태국이 제에게 뜻깊은 의미로 남는 것 같습니다. (의미부여 킹일 수도 있구요, 아무렴 어떻습니까.)

*덧) 앞에서 만들었던 "shysuhyeon"이라는 명칭은 안타깝게도 이 태국여행 이후로 잘 쓰지 않게 되었어요. 호텔 체크인을 하면서 아이디를 적을 일이 있었는데, 제 아이디를 보고 프론트 직원분이 웃으시더라구요. 흑.

그분은 별 생각 없이 웃으셨을 수 있지만, 왠지 모르게 너무 부끄러워져서 그 이후로는 잘 안 쓰게 되었습니다. 역시나 이렇게 소심하고 부끄러운 걸 보니 shysuhyeon이라는 단어가 저를 잘 나타내긴 하는 것 같네요.

그치만 좀 더 저를 표현할 수 있는(스스로 부끄럽지 않게) 단어를 열심히 찾고 있습니다. 최근에 마음에 드는 이름을 찾았는데, 바로 "나디깅", 영어로는 "nadigging" 입니다. 디깅(digging)이라는 단어에는 세 가지 뜻이 있는데, 1)깊이 파다, 2)좋아하다, 3)이해하다 입니다. 저를 깊이 파악하고, 좋아하고, 이해하며 살고 싶다는 의미인 나디깅, 어떤 것 같나요?

시(詩)

학생 때 한번 읽은 후로, 잊혀지지 않았던 시가
있습니다. 한번쯤 읽어 보셨을, 천상병 시인의
"귀천"입니다. 워낙 입시 스트레스를 받았을 때
라 그런지, 귀천의 마지막 구절을 읽고

"나 하늘로 돌아가리라,

아름다운 이 세상 소풍 끝내는 날,

가서, 아름다웠다고 말하리라 ⋯."

세상이 이렇게 험난하고 힘든데, 어떻게 '아름다
운 이 세상', 인생을 '소풍'이라고 표현할 수 있
지? 하고 생각했었습니다. 지금 다시 생각해보면,
인생이 길게 느껴져도 지나고 보면 찰나의 순간
인 것처럼, 잠깐의 소풍이었던 것 과도 같고

그렇게 잠시 이 세상에 왔다 가는 길에 무슨 힘을
그렇게 주고 사나, 그저 행복하고 아름다운 걸 보며
즐기면 되지.. 하는 시인의 마음이 아니었을까 싶어
요.

시를 많이 읽거나, 쓰는 걸 즐기는 건 아니지만 가끔
씩 이라도 시를 읽으면, '시' 자체가 주는 응축된
에너지와 영감이 참 좋다고 생각을 합니다. (요즘엔
지하철 스크린 도어에도 많이 적혀 있으니깐요.)
예전에 쓰던 노트북을 꺼내 파일을 정리하다가,
대학생 때 수강한 "사고와 표현" 이라는 수업에서
과제로 적었던 창작 시 파일을 발견했습니다. 지금
읽으면 조금 오글 거리긴 해도, 그때 당시에 시를 적
으며 혼자 웃기도 하고, 감상에 젖기도 했던 기억이
떠올랐습니다. (나름 교수님이 픽하셔서 수업시간
에 소개 되기도 했답니다.)

제목: 오늘 하루

<1>

나는 외쳤다.

나는 소리질렀다.

너의 눈에 띄고 싶어

내 몸을 굴려 떨어진 적도 있었다.

나를 기억하라고

나를 까먹지 말라고

악착같이 바랐다.

나는 할 만큼 했다.

후회는 내가 아닌 너의 몫이다.

그럼에도 너는 뒤도 돌아보지 않고

나를 떠난다.

너는 그렇게 떠나고

나를 그리며 말하겠지

"아 맞다 지갑…"

<2>

나는 존재하지만 존재하지 않는다.

내 눈과 몸은
거푸집에 지나지 않는다.

나는 나로부터 도망친다.
자유를 얻은 나는
흰색 설원을 뒤로 한 채
찬란히 떠난다.

아무도 나를 찾지 않는다.
아무도 나를 막을 수 없다.

나는 그곳에 존재하고 있기 때문에.

그곳에 존재하지 않는 나는
자유를 얻은 방랑자.

번뜩
나는 돌아온다.

"오늘의 과제는…"

당시에는 과제로 해야 하니 괴로운 마음이 있으면서도 이동하는 중간 중간에, 산책을 하면서, 쉬는 시간에, 샤워를 하면서 틈틈이 아이디어를 적고 떠올렸던 기억이 납니다. (창작의 고통이 있었지만 나름 재밌게 시를 썼던 것 같아요.)

하지만 안타깝게도 그 이후로는 한번도 시를 쓰거나 적을 생각을 해본 적이 없습니다. 그렇기에 삭막한 일상에 감수성이 필요한 요즘, 지금부터라도 저는 시 쓰는 연습을 시작해야겠다 하는 다짐을 합니다. (한 달에 한 번이라도요..!)

퇴사

퇴사를 한 후에 가장 당황스러웠던 부분은, 하루 24시간 중 (잠자는 시간 넉넉잡아 8시간을 빼고) 남은 16시간은 모두 제가 운용할 수 있다는 점 이었습니다. 보통 제가 근무를 했던 8 to 5, 그 시간 동안 저는 아무 것도 하지 않아도, 어떤 것을 해도 되는 자유가 주어진 것이었죠.

자유에는 책임이 따른다고(이런 상황에 쓰는 말은 아닌 것 같습니다만) 저에게 주어진 '자유'의 시간에 저는 뭐라도 해야 할 것만 같은 '책임'감이 들었습니다. 퇴사한 바로 다음 날, 집 앞 도서관에 가서 책 한 권을 한두시간 안에 바로 다 읽어버렸습니다. (물론 엄청 두꺼운 책은 아니었어요. 허허.) 그리곤 또 뭔가 허전한 마음에 할 일을 찾아 유튜브를 뒤지고, 책을 읽고, 밖을 서성이며 돌아다녔죠.

저를 돌아볼 마음의 에너지가 부족해서, 삶의 방향성을 다시 잡아보고 싶어서 2년이라는 시간의 고민 끝에 결심한 퇴사 였는데, 저는 또 스스로를 옭아매며 그 시간을 전혀 누리고 즐기지 못하고 있었습니다.

생각해보면 저는 학생때에도 늘 뭔가 해야 할 일이 없으면 불안해서, 뭐든 집중 해서 할 일을 찾아 다녔던 것 같습니다. 문제는 그런 할 일이 스스로에 대한 큰 고민 없이, 남들이 다 하는 거라서, 불안해서 했던 것이라는 거죠. 하지만 이번에는 불안함과 조급함에 떠밀려 어떤 선택을 급하게 내리고 싶지는 않았습니다. 그래서 늘 찾아오는 불안과 조급함을 애써 외면하며, 즐기는 것도 아니고, 뭔가를 하는 것도 아닌, 이도 저도 아닌 시간을 흘러 보냈습니다.

그러다 문득, 이런 생각이 들더군요.

보통 우리가 회사에 새로 들어가거나 일을 시작할 때면, 서로를 파악하고, 싱크를 맞추며 적응해가는 기간으로 약 3개월의 "수습기간"을 갖지 않나요? 저는 그런 수습 기간이 일을 하는 영역에서만 적용된다고 생각했었습니다. 하지만 어떤 일이든, 새로 시작하는 일에는 다 적용이 된다는 걸요.

퇴사라는 것도, 제가 인생에서 처음 해보는 것이라서, 이런 시간도 처음 경험해보는 거라서, 저에게는 적응의 시간이 필요했던 것 같습니다. 이 글을 쓰는 시점을 기준으로 퇴사한지 49일 째가 되어가는 지금, 이제 조금은 새로운 형태의 제 삶에 익숙해지려 하고 있다는 기분이 듭니다.

*BGM-장기하,
가만 있으면 되는데 자꾸만 뭘 그렇게 할라 그래

(중략)

가만 있으면 되는데

자꾸만 뭘 그렇게 할라 그래

가만 있으면 되는데

자꾸만 뭘 그렇게 할라 그래

가만 있으면 되는데

자꾸만 뭘 그렇게 할라 그래

가만 있으면 되는데

자꾸만 뭘 그렇게 할라 그래

...

독립출판 1

독립출판의 세계에 관심을 갖게 된 것은 도서관에서 진행한 행사에 참여했을 때 였습니다. 당시 강연자로 오신 분들이 직접 독립 출판을 했던 경험을 이야기 하시며, 힘들었지만 서도, 굉장히 의미 있었다는 얘기를 해주셨었거든요. 그래서 꼭 경험 해보길 추천 한다구요. 그때 까지만 해도 '책을 낸다' 는 것에 흥미는 느꼈지만, 실행에 옮길 생각은 하지 못했던 것 같습니다. 저는 학문적으로 깊이가 있어서 지식을 전달할 수 있는 것도 아니고, 세계 일주나 무일푼 배낭여행 처럼 특별한 경험이 있는 것도, 사회 생활을 오래 해서 어떤 지혜나 팁을 전달할 수도 없었거든요.

하지만 독립출판은 퇴사한 후, 제가 시작한 가장 첫번째 프로젝트가 되었습니다.

'아무렴 꼭 대단한 내용이 담겨있지 않으면 어떠냐. 분명히 내가 전하고 싶은, 전할 수 있는 이야기는 있을 것이고, 그 쓸모는 전하기 나름, 그리고 느끼기 나름이다.' 라고 생각하기로 했기 때문입니다.

무엇보다 독립출판은 제가, 저의 의도를 담아 책의 주제도, 내용도, 책의 크기도, 목차도, 디자인도… 구상할 수 있었기 때문에 굳이 누군가가 읽어주지 않는다 하더라도, 이러한 작업을 해본 경험 자체가 스스로를 알아가는 데 의미 있겠다는 생각을 했습니다.

그러곤 '책을 만들어야겠다' 하는 결심을 한 날, 바로 독립출판 워크숍을 신청해버렸죠.

원래 모든 영감의 원천은 '마감 기한'이라고, 강제성이 없으면 저는 또 의지가 꺾이고 자신감이 없어져서 책이 세상에 나오는 데 한세월은 걸릴 것 같았거든요.

그렇게 호기롭게 시작한 독립출판이었지만, '주제 선정'부터 고민과 여러 난항이 있었습니다. 처음에는 본인의 업(業)을 꾸준히 해온 제 주변 사람들의 그 '시작에 관하여' 인터뷰를 하고 싶었습니다. 처음 시작할 때는 어떤 마음이었는지, 누구든 찌질하고 방황하던 그 시작이 있었으니깐요. 무슨 마음으로 지속해오고 있는지, 본인에게 그 힘은 무엇이라 생각하는지 등, 그들의 이야기를 전하면서 저 스스로와 응원이 필요한 사람들에게 용기를 전하고 싶다는 생각을 했었습니다. (나중에 이런 인터뷰집도 기회가 된다면, 꼭 해보고 싶습니다.)

어찌저찌 주제 선정을 하고, 하고 싶은 말은 정갈하게 글 속에 담아내고, 내지를 구성하고, 표지를 디자인 하고… 그 뒤로도 디지털로 봤을 때와 책을 실물로 받아본 느낌이 달라서 한두 번이면 될 줄 알았던 가제본도 3차, 4차로 이어지게 되기도 했습니다. 남들은 척척 순조롭게 진행되는 것 같은 과정도 저는 왜 이렇게 더딘 것 같은지, 왜 하나를 결정 내리는 데에도 수많은 고민이 드는지 싶었습니다.

그럼에도 독립 출판을 하며 얻은 경험이 있다면, 어찌됐든 고민과 방황도 지쳐 포기하지 않고 나아가면 결론에 다다른다는 것입니다. 그리고 늘 되새기자고 마음 먹었죠. 나의 고민은 잘 해내고 싶은 이쁜 마음 때문이니 스스로를 너무 꾸짖지 말자구요.

독립출판 2

대학생 때 첫 아르바이트를 마치고 들었던 생각이
납니다. '와, 내가 서 있는 곳에 따라서 시야가 이렇
게 다를 수가 있나?' 그때 처음으로 뭔가 공급자와
소비자 사이에 보는 눈의 차이를 느꼈던 것 같아요.
그리고 직접 해보기 전까지는 알 수 없다는 사실도
요.

제가 독립출판을 하겠다는 마음을 먹고, 글을 쓰기
전까지는 글 한 자, 한 문장, 한 페이지를 쓰는 게 이
렇게 시간이 드는 일인 줄 몰랐습니다. 책을 읽을 때
는 단숨에 읽히는 모든 문장들이 저자가 얼만큼
고민하고, 읽고, 매끄럽게 다듬은 문장들인지 도요.
저는 쓴다고 쓴다고 열심히 적은 37페이지 분량의
원고를 처음으로 저희 첫째언니에게 보여주었는데,
5분도 채 안되어서 다 읽은 걸 보고는 얼마나

허망했는지 모릅니다. (그만큼 술술 읽혔다는 걸
로 좋게 생각하기로 했어요. 허허.)

제가 감명 깊게 읽은 책의 저자들은 얼만큼의 삶
의 경험이, 사색과 고뇌의 시간들이 쌓인 것인지,
더 존경스럽게 느껴 지기도 했고, (특히 그 많은
내용을 적을 만큼 할 이야기가 많다는 것도요..
부럽습니다.) 저도 그렇게 깊이 있는 사람이 되고
싶다는 생각도 들었습니다. 그런 책들과 비교했을
때 제 이야기는 너무나 얇고 가벼운 것 같아서, 누
가 이런 글 읽어나 줄까?, 이렇게 글을 쓰고 책을
만들 필요가 있나, 누가 시킨 것도 아닌데 사서
고생하는 걸까? 하며 한 없이 자신감이 떨어지고
의욕이 없어지는 날도 있었습니다.

하지만 그럴 때마다 스토리지북앤필름*의 책방
지기 마이크님이 해주신 말씀을 떠올렸습니다.

*스토리지북앤필름: 해방촌에 위치한 독립서점

세상에는 자신의 취향에 맞는 책이 있을 뿐 이지,
구린 책은 없다고. 보통 엄청나게 특이한 경험이나
이야기를 써도, 1%의 공감은 받는데 하물며 우리와
같은 보통 사람들의 이야기는 더 많은 사람들의
공감을 받을 수 있다고, 그러니 그냥 본인이 하고 싶
은 이야기를 하라고 말이죠.
그렇습니다. 저는 저처럼 스스로에 대한 고민을 해
본 경험이 부족하고, 나를 잘 모르겠고, 매일 불안하
고, 때로는 '나는 왜 이럴까' 하며 밤에 눈물 훔치는,
응원과 용기가 필요한 보통의 사람들이 곳곳에

있을 것이라 생각합니다. 그냥 그런 저와 같은 사람 단 한 명에게라도 공감과 위로, 재미를 줄 수 있다면, 그러한 쓸모가 생긴다면, (너무 많이 바라나요? 하핫) 그걸로 제 첫 이야기는 성공적이라고 할 수 있을 것 같습니다. 또 저만 읽는 책으로 남게 된다 하더라도 어떻습니까. 저자의 시선으로, 생산자의 입장에서 책을 만들어본 이 경험은 잊혀지지 않고, 저의 일부로 남게 되겠지요.

*덧) 저는 해방촌에 위치한 "스토리지북앤필름" 독립서점에서 진행하는 워크숍에 참여하여 첫 독립출판을 시작했는데요, 꼭 워크숍에 참여하지 않더라도, 기회가 된다면 용기를 갖고 독립출판에 도전해 보시길 매우 추천 드립니다.

생산자의 입장이 되어보는 경험이 제 독서의 영역을 더욱 확장 시켜주었거든요. 책의 표지, 제목, 목차, 개요, 단락, 문장, 단어 등 모든 요소들이 그냥 읽었을 때와 저자가 되어본 후에 읽었을 때는 분명히 다른 점이 있다는 것을, 경험하시고 난 후에는 느끼실 수 있을 겁니다!

단어

예쁜 말만 · 모아둔 사전에
책갈피 꽂아 · 전해주고 싶은 너에게

나와 같은 사람

자연에서 나온 모든 것들은 어느 하나도 똑같이 생
긴 것이 없습니다. 멀리서 보면 같아 보여도, 자세히
들여다보면 작은 개미 한 마리부터 나뭇잎 하나
하나 모두 조금씩은 다르게 생겼죠. 우리가 인공적
으로 만들어서 찍어내는 공산품들도 조금씩은 다른
부분이 있는데, 하물며 인간은 얼마나 다른 존재들
일까요. 살다 보면 내 맘 같은 사람 하나 없고, 내
마음 알아주는 이 하나 없는 것처럼 느껴질 때도
있습니다. 서로 같을 수 없고, 제각기 다른 것은
어쩌면 너무나 당연한 것 인데, 왜 우리는 표현하지
않아도 내 마음 알아주기를, 저 사람이 내 마음과 같
기를 바라는 것일까요?

가끔 저와 너무 '다르다'고 느껴지는 사람(들)과
함께 있다 집에 오는 날이면, 너무나 진이 빠져
먹은 음식이 소화가 되지 않고, 머리가 아파오기
까지도 합니다. 반대로 저와 똑같진 않더라도 결
이 비슷한, 함께 있으면 에너지가 충전되고, 내가
더 나다워지는 기분이 드는 사람들도 있죠.
예전에는 그런 피로함을 느끼고 온 날이면 '내가
너무 예민한가', '나에게 문제가 있나?' 하는
고민을 하기도 했고, 구태여 그런 사람들과의
관계를 유지하고, 함께 하려고 했던 것 같습니다.
(물론 지금도 사회생활은 해야 하니, 어쩔 수 없는
경우들도 있죠.)

하지만 지금은, 조금은 '나와 같은 사람들'의 곁에 서 편안함을 느끼고, 응원을 받고 싶습니다. 자기들끼리만의 세상에 갇혀 자기네 들끼리 위로한다고 생각할 수도 있겠지만, 아무렴 어떻냐 하는 생각을 합니다. 오늘도 저는 저희 집에, 제 핸드폰 속에, 제 옆에 있는 저와 같은 사람들이 있음에 감사하고 또 그들에게 다정함과 응원을 전하고 싶은 걸요.

이름

여러분은 본인의 이름이 마음에 드시나요?
부모님께 너무 죄송한 말이지만, 사실 저는 한번
도 제 이름이 마음에 든 적이 없습니다. '수현'이
라는 이름은 너무 흔하고 중성적인 데다가, '박'
이라는 성이 합쳐져서 뭔가 투박한 느낌까지
들거든요. 또 별다른 특색이 있는 것도 아니라서,
"한별=원 스타" 처럼 별명이나 별칭을 짓기도
애매한 이름입니다. (작명소까지 가서 돈 주고 제
이름 지어 주신 어머께 감사의 말씀 전합니다..)
가끔은 '내 이름이 너무 특징이 없어서 이렇게
무난 무난하게, 평범하게 살아온 게 아닌가?' 하
는 생각을 한 적도 있어요. 이름이 네 글자라던가,
외자라던가.. '박오목눈이' 처럼 정말 특이한 이름
이었다면 제 삶은 조금 특별하고 달라졌을까요?

평범한 지금의 제 삶도 너무나 좋고 소중하지만 가끔은 친구들과 하던 상상 속 '자식 이름 짓기' 처럼 내 이름이 이랬다면? 저랬다면? 하는 상상을 해보곤 합니다. 최근 롯데월드 안에 새로 오픈한 갤러리에 방문했을 때, "포지(pozi)"라는 작가님이 그려 주시는 캐리커쳐를 받은 적이 있습니다. 원하는 단어나 이름을 말씀드리면, 개개인별로 특징을 담아 얼굴 혹은 로고를 이름을 넣어서 그려 주시는데, 자세히 들여다보면 제 이름 석자의 자음, 모음이 저의 얼굴을 이루고 있는 게 너무 신기하고 재밌었던 경험이었죠. 어쩌다가 이런 작업을 하게 되셨는지, 너무 궁금해서 여쭤보니, 본인의 이름 콤플렉스, 자신의 이름이 마음에 들지 않아서 최대한 좋아해 보려는 마음에서 이런 작업을 시작하셨다고 합니다.

어떻게든 본인에게 주어진 이름을 좋아해보려고
하는 그의 마음, 콤플렉스를 창작의 영감이자
원천으로 바꾼 아이디어, 그리고 너무나 성공적인
결과물까지..! 지금까지 저는 제가 가지지 못한 것
에만 집중하고 아쉬워 하느라, 제가 가진 것을 더
자세히 들여다보지는 못했다는 생각이 들었습니
다. 태어났을 때부터 너무 당연히 가졌던 것이라
서, 있는 것 자체의 소중함을 몰랐던 내 이름,
"박 수 현."

조금은 좋아해볼 용기가 생긴 것 같습니다.

아무튼, 좋은거-

'아무튼' 시리즈를 아시나요?

제가 처음 아무튼 시리즈를 접한 것은 21년 6월, 도서관에서 였습니다. "아무튼, 여름" 이라고 적힌 제목에 이끌려 책을 집어 들었고, 여름이 좋아 여름을 칭송하는 책을 썼다는 저자의 생각이 너무나도 궁금해서 책을 대여했던 기억이 납니다. 책을 읽으면서는 '맞아, 여름의 이런 부분은 좋지', '여름은 이런 맛이 있어' 하며 공감을 하기도 했고, 저자의 여름이 좋은 여러 이유들에 설득 당하기도 했던 것 같아요. 무엇보다 책을 읽으며 '내가 좋아하는 대상에 대해 이렇게 까지나 열심히 호소(?)할 수 있다니!' 하고 경이로움을 느끼기도 했죠.

저도 지금 궁금해서 찾아보니 알았지만, 아무튼 시리즈는 2017년 첫 '아무튼, 피트니스'를 시작으로 지금까지 60여 편이 넘는 시리즈가 출간되었더군요. 책의 제목만 쭉 훑어봐도 이렇게나 다양한 주제에 각기 다른 진심을 담은 사람들이 있다니 놀라우면서도 흥미로웠습니다. (지금 읽고 싶은 시리즈로는, "아무튼, 계속", "아무튼, 로드무비", "아무튼, 아침드라마"가 있네요. 조만간 도서관에서 대출하거나 구매해서 읽어 봐야겠습니다!) 주제마다 전혀 다른 디자인, 컨셉의 표지를 구경하는 것도 또 다른 재밌는 포인트였습니다. ("아무튼, 아침드라마"를 읽고 싶은 이유도 책의 표지가 그 유명한 "예나 선정이 딸이에요", 오렌지 주스 주르륵… 장면인 걸 보고, 그런 너무나 유쾌한 저자의 생각이 궁금해서 였습니다.)

하나의 대상을 중심에 놓고, 대상의 특성, 대상과의
경험, 나의 생각, 대상이 나에게 갖는 새로운 의미…
등 여러 방향에서 접근해볼 수 있다는 점에서 '아무
튼' 시리즈가 갖는 매력과 힘이 있다고 생각합니다.
타인의 각양각색 취향에 대한 흥미로움은 이내
'나에게 만약 "아무튼, XXX"가 있다면 뭘까?' 하는
생각으로 이어졌습니다. '나에게.. B6사이즈 판형에
여백 없이 약 200페이지를 적을 만큼 좋아하는 게
있을까?' 싶은 생각이요. (책을 만들다 보니 이런 것
부터 보이더군요. 하하. 이런게 독서 영역의 확장..
일까요..?)
제가 가장 많이 여행한 나라이자, 방문하면 항상
새로운 즐거움이 있던.. "아무튼, 일본"?

여름이면, 혹은 가슴 답답한 날이면 어김없이
찾게 되는.. "아무튼, 맥주"?
하루 24시간, 어쩌면 나와 가장 가까우면서도
나의 모든 비밀을 알고 있는.. "아무튼, 핸드폰"?
아무튼 좋은거…, 아무튼 좋아하는 것-.

아직은 한 페이지를 가득 채울 정도로 저에게
쌓여 있다고 느껴지지 않는, 제가 좋아하는 것들
에 대해 좀 더 깊게 경험하고 기록(log)해야겠다
는 생각이 듭니다.

당신의 '아무튼'은 무엇인가요?

장바구니 + 시차

그런 경험 있지 않으신가요?

어느날 ㅋxxㅌ으로 선물이 도착했습니다.

'음? 이게 뭐지..?'

"뿡뿡님이 '샤랄라' 선물을 보냈어요."

'샤랄라..? 어디에서 본 것 같은데..'

'아차, 내가 '샤랄라'를 위시 리스트에 담아뒀었구나..!'

흐릿한 기억 저편에 과거의 제가 담아뒀던 저의 위시리스트 속 상품은 항상 시간이 지난 뒤에는 어느새 현재 저의 위시리스트에서 사라져 있곤 합니다. (물론 선물을 주신 분께는 너무나 감사하고, 당연히 감사히 잘 사용할 거지만요!!)

분명 같은 저인데, 과거의 저는 관심 있던 것이 지금은 왜 관심이 없어진 걸까요? 일명 **뽐뿌***가 갑자기 온 물건일 수록 과거와 현재 사이에 제 니즈의 간극이 커지는 것 같습니다.

***뽐뿌**: 펌프질을 하는 것처럼 계속 물건을 사고 싶어하는 욕구를 표현하는 신조어

당시에는 귀여웠던 컵, 피규어, 인형이나 하물며 모바일 기기도 그렇죠. 입사 직후에 그 무섭다는 애플병(구매하기 전까지는 치료가 안된다는)에 걸려서 아이패드 미니, 맥북까지 할부로 구매하고는 할부가 끝날 때까지 맥북을 제대로 쓰지도 않곤 했습니다. (허허)

그래서 저에겐, '장바구니 jet lag(시차)'가 필요합니다.

지금 당장 필요하고 갖고 싶은 물건도 장바구니에 담아놓고 하루, 이틀, 일주일… 시간을 보내며 생각하다 보면, 정말 필요한 물건과 단순히 사고 싶은 기분이 든 물건으로 구분이 가능해지기 때문이죠.

세상에는 너무 재밌고 좋은 물건들이 많고, 의미 없는 소비, 쓸 데 없는 소비는 없다고 생각합니다.

그럼에도 고민없이 구매한 물건이 유물이 되어 가치를 잃어가는 것 보다는, 저만의 장바구니 시차를 사용해 더 가치 있는 소비를 하고 싶은 마음입니다.

요즘 저의 시차 장바구니에 담겨 있는 것들은

샤오미 포토 프린터기, 펜코(penco) 간이 독서대, 스몰브랜더 "작은 브랜드를 위한 지침서", 반코르 맥주 효모 샴푸 등등…이 있네요.

시차를 겪은 후에는 무슨 이유로, 어떤 물건이 추가되고, 삭제 되어있을까요?

*덧) 뽐뿌가 와서 구매했음에도 어쩔 수 없이 가치를 증명하기 위해 의미를 부여하고, 사용하게 되는 경우도 있습니다.

저에겐 맥북이 그런 존재입니다. "그럴 거면 맥북 왜 샀냐" 라는 말을 듣기가 너무 싫어서, 어떻게든 디자인을 배우며 쓸 것이라고 하고 다니죠(물론 정말 디자인이 배우고 싶고, 배울 거구요!)

맥주

살다 보면 어떤 시점을 기준으로 갑자기 좋아지게
된 '무엇'이 있는 것 같습니다. 어릴 때는 쌀국수를
그렇게 싫어했는데(향신료와 고수 냄새가 낯설었던
것 같아요), 지금은 비 오는 날이면, 국물이 당기는
날이면, 때로는 그냥 이유 없이도 찾아서 먹는 음식
이 되었고, 한창 유행일 때에도 절대 먹지 않았던
마라탕은 이제 탕으로는 부족해서 마라 떡볶이, 마
라 쫀드기 까지 살찌는 게 두려워서 못 먹을 뿐인 음
식이 되었죠.

맥주도 저에게는 그런 존재입니다. 대학생때 아무
리 맥주를 마셔도 '맥주는 그냥 술.' 였거든요. 맥주
가 시원하다고 여기고, 맥주의 맛을 알게 된 시점은
입사한 해 여름, 언니들과 함께한 저녁식사 자리에
서 였습니다.

술주정뱅이, 알코올중독자, 그런 것은 아닙니다. (과도한 음주는 언제나 유의하세요, 뱃살과 건강에 유해합니다.) 맥주의 맛을 알게 된 순간, 제 삶의 작은 즐거움이 하나 더 늘었다는 기분이 들었달까요? (진짜. 정말요.) 그 시원하고 상쾌한 기분을 느낀 이후로는 집에 가는 길에 편의점에서도, 날이 좋은 날엔 테라스에 앉아서, 혹은 집에서 종종 맥주를 마시곤 했습니다. 요즘엔 캔 맥주가 얼마나 잘 나오는지, 어메이징 브루잉 컴퍼니*에서도 캔 맥주가 유통되어서 편의점에서 수제 맥주도 마실 수 있고, 해외 맥주는 또 얼마나 다양한지 모릅니다.

*어메이징 브루잉 컴퍼니: 성수동에서 시작한 대한민국 대표 수제맥주 브랜드

때로는 캔 디자인이 이뻐서 구매하는 경우도, 곰표 맥주처럼 유행을 타서 인기가 많아서 호기심에 마셔본 적도 있었어요. 최근에는 생맥주처럼 캔을 까면, 거품이 올라오는 아사히 생맥주 캔도 인기가 많아서, '일단 눈에 보이면 산다!' 하고 동네 마트를 돌아다니기도 했습니다. 생각해보면, 이렇게 비교적 싼 값에 패키징, 맛 등 여러 베리에이션(다양성)에서 제 취향대로 고를 수 있고, 상쾌함과 즐거움을 줄 수 있는 존재가 얼마나 될까 싶어요.

또 한창 맥주를 마시다 보니, 라거보다는 향긋한 에일이, 에일도 좋지만 가끔은 쌉쓰름한 IPA가, 좋아하는 맥주 브랜드는 제주 위트 에일, 어메이징 브루잉 컴퍼니, '성수동', 덕덕 구스, 빅웨이브 등…

저의 취향이 생긴다는 것도 좋습니다. 취향이 생기면, 누군가에게 추천 혹은 공유를 할 수 있다는 것도 너무 좋구요. 오늘도 저는 집에 들어가는 길에 편의점 음료 냉장고 앞에 서서 '4캔 안에 어떤 취향을 담을까..' 고민하다 고른 4가지 재미를 들고는 냉장고에 담아두고, 하나씩. 담뿍히 즐기며 마시려 합니다.

자전거

제 나이 28.

주변 친구들은 대부분 가지고 있지만, 아직 저에게
는 없는 것. 그것은 바로, 운전 면허증 입니다. 사실
저는 지금까지 운전을 하는 것의 필요성을 느끼지
못했습니다. 제가 사는 서울은 대중교통도 잘 되어
있기도 하고, 서울에는 여간 차가 많은 것이 아니라
서(물론 그 차에는 동물과 날개 달린 엠블럼을 지
닌 것들도 있죠...흑!) 면허를 딴다고 해도 도로 밖으
로 나갈 자신이 영 없기도 했습니다.

하지만 점점 나이가 들면서, 아직 면허가 없다는
사실이 가끔은 부끄러운 기분이 들 때도 있고, (역
시나 저는 남 눈치를 많이 보는 것 같습니다.) 무엇
보다 요즘엔, 운전을 해야 온전한 어른이 된 것 같다
는 생각을 합니다.

이동의 자유가 없는 어른이란, 진정한 어른이라 할 수 없는 기분 이랄까요? 이따금 훌쩍 멀리 떠나고 싶은 기분이 들어도 버스나 기차표를 끊어서 터미널이나 역에 가서 탈 생각을 하면, 금세 단념하곤 합니다. 가끔은 그런 기분을 만끽해보고 싶은데, 그럴 수 없을 때는 조금 서글퍼 지기도 하는 것 같아요. 그럴 때, 제가 나름 기분을 낼 수 있게 해주는 게 있다면 바로 자전거 입니다. 특히나 4~5월, 무더위가 찾아오기 전의 봄이나 10월 초 가을에 타는 자전거는 열심히 발을 굴리며 느끼는 머리카락 사이사이, 옷 틈새까지의 바람에, 자동차를 탔을 때보다 오히려 더 좋다고 여겨집니다.

자전거를 타면 평소 걸을 때보다 약간의 오르막도 더 힘이 들고, 애써 자전거 도로를 찾아 봐야 할 때도 있고, 주변 사람, 사물에 주의를 기울여야 하기도 합니다.

그럼에도 자전거를 타면 내리막을 달리는 쾌속 상쾌함을 느낄 수 있고, 몰랐던 '신(新)장소' 발견의 즐거움도 느낄 수 있고, 도로를 공유하는 사람들을 위한 배려도 할 수 있습니다.

그래서 저는 오늘도 다시,
힘차게 자전거를 탑니다.

*덧) 지극히 개인적인 저의 취향으로, "자전거 탈 때 허벅지 아픔을 잠시 잊게 되는 Playlist" 추천 드리고 싶습니다.

#1. Black hole_윤하

#2. Drive_김현철(feat.죠지)

#3. Drive It Like You Stole It_Sing Street

#4. 챠우챠우_델리스파이스

#5. Highlight_터치드(Touched)

리추얼(Ritual)

한창 고민과 걱정이 많았던 시기에, 누군가 이런 말을 저에게 해줬었습니다.

> "인디언 리추얼 이라고 알아? 옛날에 인디언
> 들이 드린 기우제를 말하는 건데, 그 기우제
> 는 성공률이 100%래."
> "엥, 어떻게?
> "포기하지 않고 비가 올 때까지 하거든.
> 그래서 성공률이 100% 인거지."
> "맙소사."

인디언들이 과연 어리석어서 비가 올 때까지 기우제를 드린 것일까요? 저는 그들이 결국은 비가 올 것을 알기에, 본인들의 믿음을 유지하기 위한 행위로 기우제를 지냈다 생각합니다.

살면서 우리는 "정말 한 치 앞도 모르겠다"고들
합니다. 이렇게 불안정한 현재를 살아가면서
미래에 대한 확실한 믿음을 갖고 나아간다는 것
은, 사실 말처럼 그리 쉬운 일이 아니지요.
그래서 우리의 일상에도 '인디언 리추얼' 같은 게
필요합니다. 불확실한 미래라 해도, '나의 미래는
괜찮을 거야' 하는 믿음을 갖고, 그걸 유지하기 위
한 의식적인 행동을 반복하는 것이죠. 그런 점
에서 요즘 MZ들 사이에서 유행하는 라이프스타
일 트렌드인 "리추얼(ritual)"이 썩 괜찮다는
생각이 듭니다.

사전적 의미로 "규칙적으로 행하는 의식과 절차"라는 의미의 리추얼은, 인디언 리추얼과 같은 단어를 사용할 뿐 아니라, 어제보다 오늘, 오늘보다 내일, 매일 더 '성장하는 나'를 위해 하는 규칙적인 행동을 뜻합니다.

더 나은 나의 미래가 올 것이라는 믿음을 유지하기 위해, 지금 내가 포기하지 않고 계속 할 수 있는 일. 어떠한 불안한 마음에도, 의식적(意識, conscious ness)으로 반복함으로써, 나에 대한 믿음을 키우는 일. 지금의 저에게도 리추얼이 필요합니다. (어쩌면 미래에 대한 불안과 걱정이 많은 지금의 MZ세대가, 긍정적인 미래가 찾아올 것이라는 믿음이 필요해서 그렇게 리추얼이 인기인 것이 아닌가 하는 생각이 듭니다.)

요즘 제가 실천하고 있는 리추얼은 '나의 하루 회고하기'와 '하루 1장이라도 책 읽기'가 있습니다. 하루를 회고하다 보면 매일이 알차고 완벽한 하루는 아닐지라도, 오늘의 내가 무슨 일을 했고, 뭘 먹었고, 어떤 생각을 했는지 의식적으로 되뇌게 됩니다. 그러다 보면, 그저 흘러가는 시간을 조금이라도 제 곁에 붙잡아두는 것 같아서 왠지 괜찮은 기분이 든달까요? '하루 1장이라도 책 읽기'는 앞으로 조금 더 발전시켜 보고 싶은 생각도 있습니다. 책을 읽다 보면 좋은 문장이나 문구들이 있는데, 이런 문장들을 수집하고, 여기에 저의 생각을 덧붙여서, 더욱 '밀도 있게' 책을 읽고 싶다는 생각이 듭니다. (지금은 노션을 활용해서 독서노트를 기록하고 있긴 하지만, 뭔가 아쉬운 느낌이 들어서요.)

그리고 이렇게 매일, 저를 위한 의식을 하다 보면
언젠간 제가 원하던 미래에 다가가는 순간이 찾아
오지 않을까 하는 기대를 해봅니다.

*덧) 혼자서 리추얼을 하기에는 작심삼일이 될 것 같고, 어느 정도
의 강제성이나 함께하는 공동체가 필요하신 분은 "밑미" 라는 서
비스를 통해 리추얼을 시작해보셔도 좋을 것 같습니다.

독서, 글쓰기, 운동, 음악/그림 등 다양한 카테고리의 리추얼을 둘
러보고, 나는 어떤 리추얼을 해보고 싶은지 생각해보는 것 만으로
도 좋은 시작이니깐요!

디테일

저는 디테일에 쉽게 감동 받는 스타일입니다.
사물이든, 사람이든, 장소든 가리지 않고 디테일
한 것들이 있으면 쉽게 감동받곤 하죠. '섬세함',
'사소한', '세부' 등 한국어로 다 표현되지 못하는
'디테일'은 말그대로 디테일만의 디테일이 있습
니다. (제가 일본을 좋아하는 이유도, 일본을 여행
하며 느낀 다수의 디테일한 포인트들 때문이었습
니다.)

디테일이 표현되는 방식은 제각기 다르지만, 알고
보면 디테일은 모두 같은 마음에서 시작되었다고
생각합니다. 바로 '배려' 죠.

최근 냉장고에서 꺼낸 사과즙 한 포에서도 저는
디테일에 감동을 느꼈습니다. 아니 글쎄, 모서리
위 아래로 커팅 홈이 나있더라고요.

평소 파우치 팩을 뜯을 때는 일자로 뜯거나, 잘 뜯기지 않아서 가위를 사용하곤 했던(가끔은 손으로 뜯다가 팍! 하고 튀길까 봐 조마조마했던 게 한두번이 아닙니다.) 기억이 나면서, '이런..감동이야!' 하는 생각이 들었습니다.

배려는 결국, 상대방의 불편함을 최소화 하는 것.

우리가 당연하다 여겼던 불편함을 줄여주고자 하는 마음이지 않을까요? '파우치 팩 = 뜯을 때 도구가 필요한 것' 이라는 저의 불편함을 줄여준 것 처럼요.

그런 점에서 디테일은 우리가 살아가는 데 다다익선(多多益善: 많으면 많을 수록 더욱 좋음)인 현대인의 덕목이라.. 감히 얘기해봅니다.

일을 하며 메일 하나를 쓸 때도, 읽는 사람을 위한 작은 디테일을 담으면, 상대방에게 더 좋은 인상과

감동을 줄 수 있고, 친구에게 축하를 해줄 때도, 선물이나 포장, 또는 편지에 담은 디테일은 잊지 못할 기억을 선사할지도 모릅니다.

어느 책에서 읽기를, 우리의 일상은 매일같이 반복되기에, 이러한 일상에 무료함을 느끼지 않기 위해서는 '낯설게 보기'의 태도가 필요하다고 해요. 저는 그 낯설게 보기의 하나의 방법으로 '디테일 찾기'를 추천하고 싶습니다.

무심코 지나다니는 도로에서도, 횡단보도에서도, 간판에서도, 사무실에서도… 혹시 조금의 디테일을 추가해서 불편함을 줄일 수 있는 부분이 있을까? 하는 생각을 하며 다니다 보면,

그저 있었던(존재하던) 대상들이 새롭게(낯설게)
느껴지지 않을까요? 그러다 문득 떠오른 아이디어
가, 우리를 어디로 이끌어줄지도 모를 일입니다.
(혹시 사업 아이템이 될지도요..!)
무엇보다 내가 선사한 디테일이 누군가에게 작은
감동을 줄 수 있을까? 하는 상상에서 오는 설렘은,
제 일상의 소소한 행복이 되기도 합니다.

독서

사실 저는 다독을 하거나, 다양한 분야의 책을 섭렵한, 그런 '독서인' 는 아닙니다.

그래서 어디 가서 책 읽는 취미가 있다고, 책 읽는 것을 좋아한다고 얘기하기에는 민망한 수준이죠.

그럼에도 저는 제가 책을 좋아한다고, 독서가 취미라고 말하고 싶습니다.

말그대로 독서(讀書: 책을 읽음)는 단순히 책을 읽는 행위를 뜻할 수 있겠지만, 저는 읽고 싶은 책을 마음속에 담아두는 행위, 주변 사람들이 읽는 책에 관심을 갖는 행위, 책이 있는 공간에 가는 행위, 책의 표지를 구경하는 행위, 책에 대한 검색을 하는 행위 등 책과 관련해서 내가 들이는 모든 시간을 독서의 영역으로 확장 시키고 싶습니다.

책을 읽으면서 배울 수 있는 지식, 간접 경험, 표현력들도 있지만, 책이 있는 공간에 보이는 매대와 전시된 책들을 통해 요즘 사람들의 관심사는 무엇인지, 시선을 끄는 제목과 표지는 무엇인지도 배울 수 있습니다. 읽고 싶은 책을 마음속에 담아두면서, 요즘 나의 관심사와 취향에 대해서도 파악할 수 있고, 주변 사람들이 읽는 책을 통해서도 역시나 그 사람이 요즘 어떤 것에 관심을 갖고 있는지, 지금 필요한 게 무엇인지 알 수 있습니다.

보통 읽는 행위는 시청하는 것보다는 더 의식적으로, 의지를 갖고 해야 하는 행동이라 여기기 때문에, 저는 그 사람이 읽는 책을 통해 더 깊은 내면을 파악할 수 있다고 생각합니다.

이처럼 '독서'를 통해 우리는 단순히 지식을 얻는 것을 넘어 나의 생각을 구성하고, 이 우주 속에서 보이지 않는 나의 영역을 확장 시켜가는 경험을 할 수 있습니다.

그래서 저는 이 '독서'라는 카테고리를 경험이 아닌, 공간이라는 카테고리로 구분하고 싶었습니다. 우리가 살고 싶은 집은 어느 동네에 위치했으면 좋겠는지, 어떤 평수면 좋을지, 어떻게 꾸미고, 누구와 함께할지 고민하고 구상하는 것처럼, 독서를 할 때도 나만의 집, 나만의 공간을 만든다는 마음으로 임할 수 있다면, 더 다채로운 독서 경험을 할 수 있지 않을까 하는 생각을 해봅니다.

공간

그곳이 어디든 · 네가 있어서 · 특별하기 때문에

끝의 시작

다시 한번 반갑습니다.

그리고 여기까지 저의 짧고도 긴 글을 읽어 주셔서 너무나 감사드립니다.

책을 읽다 보면, 읽다가 중간에 포기한 책, 다시금 꺼내 읽게 되는 책, 생각을 하게 되는 책, 위로가 되는 책, 한번 쯤 읽어볼 만한 책 등등…

나에게 이 책은 '어떤 의미로 남겠구나' 하는 느낌을 받은 적 있으실 것이라 생각합니다.

그래서 저는 저의 이야기를 읽고 난 뒤에, 이 책이 당신에게 어떤 느낌을 주었을지, 당신의 공간 속에 어떤 의미로 남게 될지 너무나도 궁금해집니다.

제가 전하고자 하는 메시지는 있었지만, 그 메시지가 당신을 만나 새로운 의미가 생겼을지도 모른다는 생각에 설레기도 하구요.

어떤 일을 마무리할 때, 절대 '끝'이라는 것은 없다 생각하기에, 이 이야기의 끝은 결국 또 다른 시작, 그 시작은 저의 다음 이야기가 될 수도, 새로운 도전이 될 수도, 이 이야기의 확장이 될 수도 있을 것입니다.

그래서 저는 새로운 '시작'을 위해 '끝'을 내어 보려 합니다.

"수요 없는 공급".

'원하는 사람이 없는데, 내가 하고 싶어서 그저 공급하는 듯한 이 행위가 과연 어떤 의미가 있을까' 하는 생각은 글을 쓰는 내내 저를 괴롭혔습니다.

하지만 책을 마무리하는 지금, 이 시점에서는 그 수요가 무엇인지 확실히 말 할 수 있을 것 같습니다.

바로 "나 자신" 입니다.

책을 쓰며 스스로에게 질문을 던지는 방법, 내가 좋아하는 것들, 나의 주변 사람들에 대하여, 나는 무엇을 두려워하고, 뭘 하고 싶은지… 등, 저에 대한 많은 공부를 했습니다.

즐겁지만은 않기도, 어색하고 불편하기도 한
시간이었지만, 저 스스로 원했던 끝을 맺는
지금은, 너무나 행복합니다.
그래서 저는 독립출판 뿐 아니라 어떠한 선택과
도전을 앞둔 당신이, 다른 사람의 수요보다는
항상 '나 자신'의 수요를 먼저 생각하기를,
그 끝에서 내가 가질 행복을 상상하기를
응원하고, 소망합니다.

2024년, 여름
'불완해도 괜찮아' 마침

불완해도 괜찮아

글 **박수현**

디자인/일러스트/편집 **박수현**

펴낸 곳 **디깅 북스**

인스타 **@digg_ingbooks**

이메일 sh2eyo@gmail.com

초판 1쇄 발행 **2024년 6월 28일**

ISBN 979-11-988079-7-7